Cristóbal de Castillejo

Apuntes sobre poesía

Represión contra los poetas españoles que escriben verso en italiano. Contra los encarecimientos de las coplas españolas que hablan de amores

Barcelona 2024
Linkgua-ediciones.com

Créditos

Título original: Apuntes sobre poesía.

© 2024, Red ediciones S.L.

e-mail: info@red-ediciones.com

Diseño de cubierta: Michel Mallard.

ISBN rústica: 978-84-9816-611-8.
ISBN ebook: 978-84-9897-646-5.

Sumario

Brevísima presentación

La vida
Cristóbal de Castillejo (Ciudad Rodrigo, 1490-Viena, 1550). España.

Nació en Ciudad Rodrigo hacia 1492. Fue monje en el convento de San Martín de Valdeiglesias, y lo abandonó para ejercer el cargo de secretario del hermano del Emperador Carlos V, don Fernando, que era rey de Bohemia. Vivió una vida bastante disoluta, de amores y gastos que agotaron todos los beneficios y prebendas que sus cargos le proporcionaban. Se enamoró de una joven dama alemana, Ana de Schaumburgo, quien lo dejó por un noble bohemio. Desilusionado y arruinado, se retiró y murió en un convento en Viena.

Castillejo se enfrentó a las influencias italianas que por entonces eran dominantes en España. Su poesía se mantuvo dentro de las formas tradicionales castellanas.

Represión contra los poetas españoles
que escriben verso en italiano

Pues la santa Inquisición
Suele ser tan diligente
En castigar con razón
Cualquier secta y opinión
Levantada nuevamente,
Resucítese Lucero,
A corregir en España
Una tan nueva y extraña,
Como aquella de Lutero
En las partes de Alemaña.
Bien se pueden castigar
A cuenta de anabaptistas,
Pues por ley particular
Se tornan a bautizar
Y se llaman petrarquistas.
Han renegado la fe
De las trovas castellanas,
Y tras las italianas
Se pierden, diciendo que
Son más ricas y lozanas,
El juicio de lo cual
Yo lo dejo a quien más sabe;
Pero juzgar nadie mal
De su patria natural
En gentileza no cabe;
Y aquella cristiana musa
Del famoso Joan de Mena,
Sintiendo desto gran pena,
Por infieles los acusa
Y de aleves los condena.
«Recuerde el alma dormida»
Dice don Jorge Manrique;

Y muéstrese muy sentida
De cosa tan atrevida,
Por que más no se platique.
Garci-Sánchez respondió:
«¡Quién me otorgase, señora,
Vida y seso en esta hora
Para entrar en campo yo
Con gente tan pecadora!»
«Si algún Dios de amor había,
Dijo luego Cartagena,
Muestre aquí su valentía
Contra tan gran osadía,
Venida de tierra ajena».
Torres Naharro replica:
«Por hacer, Amor, tus hechos
Consientes tales despechos,
Y que nuestra España rica
Se prive de sus derechos».
Dios dé su gloria a Boscán
Y a Garcilaso poeta,
Que con no pequeño afán
Y por estilo galán
Sostuvieron esta seta,
Y la dejaron acá
Ya sembrada entre la gente;
Por lo cual debidamente
Les vino lo que dirá
Este soneto siguiente:

Soneto
Garcilaso y Boscán, siendo llegados
Al lugar donde están los trovadores

Que en esta nuestra lengua y sus primores
Fueron en este siglo señalados,
Los unos a los otros alterados
Se miran, con mudanza de colores,
Temiéndose que fuesen corredores
Espías o enemigos desmandados;
Y juzgando primero por el traje,
Pareciéronles ser, como debía,
Gentiles españoles caballeros;
Y oyéndoles hablar nuevo lenguaje
Mezclado de extranjera poesía,
Con ojos los miraban de extranjeros.
Mas ellos, caso que estaban
Sin favor y tan a solas,
Contra todos se mostraban,
Y claramente burlaban
De las coplas españolas,
Canciones y villancicos,
Romances y cosa tal,
Arte mayor y real,
Y pies quebrados y chicos,
Y todo nuestro caudal.
Y en lugar destas maneras
De vocablos ya sabidos
En nuestras trovas caseras,
Cantan otras forasteras,
Nuevas a nuestros oídos:
Sonetos de grande estima,
Madrigales y canciones
De diferentes renglones,
De octava y tercera rima
Y otras nuevas invenciones.

Desprecian cualquiera cosa
De coplas compuestas antes,
Por baja de ley, y astrosa
Usan ya de cierta prosa
Medida sin consonantes.
A muchos de los que fueron
Elegantes y discretos
Tienen por simples pobretos,
Por solo que no cayeron
En la cuenta a los sonetos.
Daban, en fin, a entender
Aquellos viejos autores
No haber sabido hacer
Buenos metros ni poner
En estilo los amores;
Y qu'el metro castellano
No tenía autoridad
De decir con majestad
Lo que se dice en toscano
Con mayor felicidad.
Mas esta falta o manquera
No la dan a nuestra lengua,
Qu'es bastante y verdadera,
Sino solo dicen que era
De buenos ingenios mengua;
Y a la causa en lo pasado
Fueron todos carecientes
Destas trovas excelentes
Que han descubierto y hallado
Los modernos y presentes.
Viendo pues que presumían
Tanto de su nueva ciencia,

Dijéronles que querían
De aquello referían
Ver algo por experiencia;
Para prueba de lo cual,
Por muestra de novel uso,
Cada cual de ellos compuso
Una rima en especial,
Cual se escribe aquí de yuso.

Soneto

Si las penas que dais son verdaderas,
Como bien lo sabe el alma mía,
¿Por qué no me acaban? y sería
Sin ellas el morir muy más de veras;
Y si por dicha son tan lisonjeras,
Y quieren retozar con mi alegría,
Decid, ¿por qué me matan cada día
De muerte de dolor de mil maneras?
Mostradme este secreto ya, señora,
Sepa yo por vos, pues por vos muero,
Si lo que padezco es muerte o vida;
Porque, siendo vos la matadora,
Mayor gloria de Pena ya no quiero
Que poder alegar tal homicida.

Octava

Ya que mis tormentos son forzados,
Bien que son sin fuerza consentidos.
¿Qué mayor alivio en mis cuidados
Que ser por vuestra causa padecidos?

Si como son en vos bien empleados
De vos fuesen, señora, conocidos,
La mayor angustia de mi pena
Sería de descanso y gloria llena.
Juan de Mena, como oyó
La nueva trova pulida,
Contentamiento mostró,
Caso que se sonrió
Como de cosa sabida,
Y dijo: «Según la prueba,
Once sílabas por pie
No hallo causa por qué
Se tenga por cosa nueva,
Pues yo mismo las usé.
Don Jorge dijo: «No veo
Necesidad ni razón
De vestir nuevo deseo
De coplas que por rodeo
Van diciendo su intención.
Nuestra lengua es muy devota
De la clara brevedad,
Y esta trova, a la verdad,
Por el contrario, denota
Oscura prolijidad».
Garci-Sánchez se mostró
Estar con alguna saña,
Y dijo: «No cumple, no,
Al que en España nació
Valerse de tierra extraña;
Porque en solas mis lecciones,
Miradas bien sus estancias,
Veréis tales consonancias,

Que Petrarca y sus canciones
Queda atrás en elegancias».
Cartagena dijo luego,
Como plático en amores:
«Con la fuerza d'este fuego
No nos ganarán el juego
Estos nuevos trovadores;
Muy melancólicas son
Estas trovas, a mi ver,
Enfadosas de leer,
Tardías de relación
Y enemigas de placer».
Torres dijo: «Si yo viera
Que la lengua castellana
Sonetos de mí sufriera,
Fácilmente los hiciera,
Pues los hice en la romana;
Pero ningún sabor tomo
En coplas tan altaneras,
Escritas siempre de veras,
Que corren con pies de plomo,
Muy pesadas de caderas».
Al cabo la conclusión
Fue que por buena crianza
Y por honrar la invención
De parte de la nación
Sean dignas de alabanza.
Y para que a todos fuese
Manifiesto este favor,
Se dio cargo a un trovador
Que aquí debajo escribiese
Un soneto en su loor.

Soneto

Musas italianas y latinas,
Gentes en estas partes tan extraña,
¿Cómo habéis venido a nuestra España
Tan nuevas y hermosas clavellinas?
O ¿quién os ha traído a ser vecinas
Del Tajo, de sus montes y campaña?
O ¿quién es el que os guía y acompaña
De tierras tan ajenas peregrinas?-
-Don Diego de Mendoza y Garcilaso
Nos trajeron, y Boscán y Luis de Haro
Por orden y favor del dios Apolo.
Los dos llevó la muerte paso a paso,
Solimán el uno y por amparo
Nos queda don Diego, y basta solo.

Contra los encarecimientos de las coplas españolas que hablan de amores

Estando conmigo a solas,
Me viene un antojo loco
De burlar con causa un poco
De las trovas españolas
Al presente;
De aquellas principalmente
Muy altas, encarecidas,
Excelentes y pulidas,
Que mucho estima la gente;
Y de aquellos extremados
Que por estilo perfeto
Sacan del pecho secreto
Hondos amores penados.
Son del cuento
Garci-Sánchez y otros ciento
Muy gentiles caballeros,
Que por caos cancioneros
Echan suspiros al viento.
No se me achaque o levante
Que me meto a decir mal
De aquel subido metal
De su decir elegante;
Antes siento
Pena de ver sin cimiento
Un tan gentil edificio,
Y unas obras tan sin vicio
Sobre ningún fundamento.
Los requiebros y primores
¿Quién los niega, de Boscán,
Y aquel estilo galán
Con que cuenta sus amores?
Mas trovada

Una copla muy penada,
El mismo confesará
Que no sabe dónde va
Ni se funda sobre nada.
Aunque no por un tenor,
Todos van por un camino;
También sabe Guardamino
Quejar su mal y dolor
Sin paciencia;
No hay dél otra diferencia.
Al que se cuelga de un hilo,
Que no ser tal el estilo
Sobre la misma sentencia.
Y de aquí debe venir
Que contando sus pasiones,
Las más más comparaciones
Van a parar en morir;
Van de suerte
Que nunca salen de muerte
O de perderse la vida;
Quitaldes esta guarida,
No habrá copla que se acierte.
Por donde los trovadores
Son de burlas y reír
Que no se dan a escribir
Sino penas y dolores.
¡Cosa vana,
Que la lengua castellana,
Tan cumplida y singular,
Se haya toda de emplear
En materia tan liviana!
Coplas dulces, placenteras,

No pecan en liviandad,
Pero pierde autoridad
Quien las escribe de veras,
Y entremete
El seso por alcahuete
En los misterios de amor;
Cuanto más si el trovador
Pasa ya del caballete.
Y algunos hay, yo lo sé,
Que hacen obras fundadas
De coplas enamoradas,
Sin tener causa por qué.
Y esto está
En costumbre tanto ya,
Que muchos escriben penas
Por remedar las ajenas,
Sin saber quién se las da.
Pero digo que arda en ellas
De los pies a la cabeza,
Decidme, ¿a quién endereza
Sus coplas y sus querellas?
Si las vende
A la dama que le prende,
¿Qué mayor desaventura
Que hablar por escritura
Con quien sé que no la entiende?
Cuanto más que ni leer
Las más saben ni escribir.
Y en el dar o recibir
Aún hay algo que hacer.
Mal mascada
Vais, copla desventurada,

Y la que más os estima
Devana su seda encima,
Y quedáis vos allí aislada.
Ved qué donoso presente,
Que la que más fe aventura
Por gozar d'esta locura,
Ni la gusta ni la siente;
Y el provecho,
Es que por vuestro derecho,
Alguna dama loquilla,
Dirá por gran maravilla:
«¡Ay, qué coplas que me han hecho!»
Pues si donde era razón
Tan pequeño fruto hacen,
Con los demás, aunque aplacen,
Deshonesta cosa son,
Y muy vano
Ejercicio, y aun profano,
Publicar yo mis flaquezas,
Liviandades y bajezas,
Y escribirlas de mi mano.
Sobra de bien y pan tierno
Hace que los amadores
Comparen el mal de amores
A las penas del Infierno.
Tú, Cupido,
Estás muy favorecido
Pensando que aquello es,
Mas donde hay dolor francés
El tuyo queda en olvido.

Final

Coplas y locuras mías,
Vuestro tiempo se ha llegado
Para aliviar el enfado
Destos trabajosos días.
Todas pasaréis por buenas,
Siendo aquel que os da favor,
Por natura mi señor,
Y por suerte mi Mecenas.

Libros a la carta

A la carta es un servicio especializado para
empresas,
librerías,
bibliotecas,
editoriales
y centros de enseñanza;
y permite confeccionar libros que, por su formato y concepción, sirven a los propósitos más específicos de estas instituciones.

Las empresas nos encargan ediciones personalizadas para marketing editorial o para regalos institucionales. Y los interesados solicitan, a título personal, ediciones antiguas, o no disponibles en el mercado; y las acompañan con notas y comentarios críticos.

Las ediciones tienen como apoyo un libro de estilo con todo tipo de referencias sobre los criterios de tratamiento tipográfico aplicados a nuestros libros que puede ser consultado en Linkgua-ediciones.com.

Linkgua edita por encargo diferentes versiones de una misma obra con distintos tratamientos ortotipográficos (actualizaciones de carácter divulgativo de un clásico, o versiones estrictamente fieles a la edición original de referencia).

Este servicio de ediciones a la carta le permitirá, si usted se dedica a la enseñanza, tener una forma de hacer pública su interpretación de un texto y, sobre una versión digitalizada «base», usted podrá introducir interpretaciones del texto fuente. Es un tópico que los profesores denuncien en clase los desmanes de una edición, o vayan comentando errores de interpretación de un texto y esta es una solución útil a esa necesidad del mundo académico.

Asimismo publicamos de manera sistemática, en un mismo catálogo, tesis doctorales y actas de congresos académicos, que son distribuidas a través de nuestra Web.

El servicio de «libros a la carta» funciona de dos formas.

1. Tenemos un fondo de libros digitalizados que usted puede personalizar en tiradas de al menos cinco ejemplares. Estas personalizaciones pueden ser de todo tipo: añadir notas de clase para uso de un grupo de estudiantes, introducir logos corporativos para uso con fines de marketing empresarial, etc. etc.

2. Buscamos libros descatalogados de otras editoriales y los reeditamos en tiradas cortas a petición de un cliente.